Johann Wilhelm Ludwig Gleim

Halladat oder Das rothe Buch

Johann Wilhelm Ludwig Gleim

Halladat oder Das rothe Buch

ISBN/EAN: 9783744621649

Hergestellt in Europa, USA, Kanada, Australien, Japan

Cover: Foto ©ninafisch / pixelio.de

Weitere Bücher finden Sie auf **www.hansebooks.com**

Halladat

oder

Das rothe Buch.

1774.

Hamburg, gedruckt bey Bode.

Das rothe Buch.

Erster Theil.

I.

Der Beruf.

Der Seher Gottes ist ein Menschenfreund!
  Er sähe gern, daß alles um ihn her
Ihm lächelte, wie dieses Kind, das ab
Von seiner Mutter Brust sich wendet, und
Nach einer schönen Rose sieht! Allein
Nicht immer lächelt alles um ihn her;
Und weniges in dieser Unschuld; denn
Er sieht die Himmel seines Gottes nur,
Wenn sein Beruf vollendet ist, er sieht
Die Menschen, seine Brüder, eifriger,
Als gute Geister eines Himmels, der
Erst dann für seine Spähungen sich wölbt,
Wenn sein Beruf vollendet ist; und sieht — — —
Ach, leider oft in seinem Eifer dann
Die Menschen böser, böser als er sie
Einst glaubte, da er noch an seiner Hand
Zu Quellen seines Gottes einen Freund
Auf Blumenwegen führte, da zu sehn

Den guten Gott! die Quellen sprangen hoch,
Wie die gezwungnen Wasser springen, rein
Wie fliessender Crystall! ein jäher Fels
Hieng über uns und gab uns Schatten; Gott,
Wie gut bist du! rief ich, und meinen Freund
Hört' ich das Echo seyn. Wie gut ist Gott!
Erthönten Wald und Wald, und Freund und Freund
Umarmten sich, und sangen unterm Fels
Den guten Gott. Da, Menschen, waret ihr
Nicht böse! Zehn und sieben Jahre blieb
Der Freund ein Freund, in diesen Jahren floß
In allen Bächen Silber, alles lachte dem,
Dem seine lieben Menschen alle noch
Nicht böse waren; aber finstre Nacht
Umzog den Frölichen! Sein Freund war stolz!
Er gieng allein; an seines Freundes Hand
Gieng er nicht mehr auf Blumenwegen gern
Zu Quellen seines Gottes, da zu sehn
Den guten Gott, er gieng allein, und trat
Auf eine Leiter, zwanzig Stufen hoch,
Und stand, und wollte nicht umarmen, war
Ein Feind des Frölichen! Ihr Menschen, Nacht
Umzog den Frölichen! Der Fröliche

Sah auf zu seinem Himmel, suchte Licht,
Und fand es alles finster um sich her!
Er gieng auf seiner schönsten Blumenflur,
Und fand es alles finster um sich her!
Es war, als wenn die ganze Schöpfung ihm
Entfärbet sey; er sahe Rosen schwarz
Und Menschen schwarz, und war ein Menschenfeind,
Und säß' in seiner Felsenhöle noch
Wenn nicht sein Gott gerufen hätte: hin
Zu meinen Menschen! Hin zu ihnen gieng
Der Menschenfeind, und Gott begnadigte
Den Menschenfeind; er gieng in seinen Wald
Und sah' ihn grün, an seinen Wiesenbach
Und sah' ihn hell, auf seine Blumenflur
Und fand es alles heiter um sich her.
Er steht nun wieder mitten unter euch,
Ihr Menschen! tief in seinem Gott vergnügt,
Und wieder nun der Fröliche, dem ihr
In jenen zehn und sieben Jahren, ach!
Nicht böse wart; er fühlt in seiner Brust:
Er solle Laster hassen, Menschen nicht,
Und gehet er geraden Wegs, wohin
Er gehen muß, und trift auf seinen Feind

Und sieht ihn noch in seinem Stolz, o dann
Tritt er bey Seit', und seufzt: Der arme Mann!
Er ist gefallen, Gott, sein Gott woll' ihn
Nicht liegen lassen! geht dem armen Mann
Weit aus den Augen, daß Er still und laut
Nicht etwa seines Stolzes lache, spricht:
Der Seher Gottes ist ein Menschenfreund!

II. Gott.

II.
Gott.

Der Einzige, der Allem alles ist,
    Ist unser Gott! Geschöpfe betet an!
Er schuf, was ist; Geschöpfe betet an!

Den nicht Erschaffenen, den Einzigen,
Der Allem alles ist, den Einzigen,
Den Ersten, den, Geschöpfe betet an!

Du seine grosse, weite, schöne Welt
Mit allen deinen Feuerkugeln, du!
Du warest nicht, du wurdest, und du warst!
Du schöne Welt! du warst und bist und bist
In deiner Pracht! Geschöpfe, betet an!

Zehntausend seiner Sonnen traten hin,
Und gehen ewig ihren grossen Gang!
Zehntausend seiner Erden traten hin,
Und gehen ewig ihren grossen Gang!
Zehntausend Myriaden Geister stehn
Um seinen Thron. Um seinen Thron? Hinweg
Mit seinem Thron! Er sizt, er stehet nicht,

Er ist kein König, kein Califf! Er ist
Das Wesen aller Wesen! Er ist Gott,
Ist unser Gott! Geschöpfe, betet an!

Wer ist, den er zu seiner Werkstatt rief,
Dahin zu treten, und zu sehn, zu sehn — — —
Wie er es macht? Wie er den Ocean
In so geschmeidigem Gehorsam hält,
Daß seines Wassers nicht ein Tropfe fort
Aus seiner Tiefe will! Wie er den Mond
An einen dünnen Faden bindet, und
In blauer Luft ihn schweben läßt; Wie er
In Zeit von Rosses oder Reuters Hup!
Zehntausend Millionen Sonnenfernen mißt
Und keines Apfels, keines Staubes fehlt!

Wer ist, wie Er? Auf seiner Erde wohnt
In irgend einer öden Felsenkluft
Kein ihm ergebener erhabner Geist,
Und keiner blickt von seinem Wolkenzug
Und seinem Morgenroth, der mir es sagt,
Wie er es macht! Kein Seher Gottes ist,
Kein Heiliger, kein Frommer, der es weiß,
Wie er es macht! Geschöpfe, betet an!

Von dir, du kleiner Ball, auf welchem wir
Zehntausend Millionen Ballen dort
Nur funkeln sehn, zu dir, du Sonnenball,
Und Sonnenball, von dir zum Andazull, (*)
Der Millionenmal so groß, wie du,
Dem armen Erdenwurm ein Punctum ist!
Von dir, du kleiner Millot (**), bis zu dir,
Du stolzer Arrah (***), der den Bannadar (†)
Auf seinem Flug für einen Kiesel sieht!
Von dir, du kleine Lißba (††), deren Blut
Die Hüllen stolzer Menschen färben muß,
Zu dir, du kluger Bilbot (†††), welcher sich
Die Wangen färbt, um schön zu seyn, und dann
So weiter fort, zu einem Geist, der Gott,
Das Wesen aller Wesen, denken will — — —

Ha!

(*) Vermuthlich der Sirius.

(**) Ein kleiner Käfer.

(***) Ein grosser Adler.

(†) Ein ungeheurer Felsen.

(††) Eine Purpurschnecke.

(†††) Eine Art von Affen, die für die klügste gehalten wird, weil sie dem Menschen am wenigsten nachmacht.

Ha! welche Stufen! welche Stufen hier!
Und dort in allen Millionen, dort!
In allem Todten, allem Lebenden!
Und allem Leichten, allem Schweren! Gott,
Der Einzige, der allem Alles ist,
Ist unser Gott! Geschöpfe, betet an!

III.
Der kindische Gedanke.

Auf jenem Felsen, dessen Spitze dort
  Die Wolken spaltet, Bannadar
Ist er genennet, saß ich, weit umher
In Gottes Welt mich umzuschaun, und sah
Verschwunden unter mir das Kriegesheer
Des Misa-Lutt (*), der meiner Lebenszeit
Ein Wunder ist, und sah verschwunden, sah
Verschwunden — ihn und seine Sclaven, sah
Verschwunden seine tausend Thürme! Gott,
Wie klein ist alles unter Dir, dacht' ich!
Allein es war ein kindischer Gedanke! Gott
Sieht nicht mit Augen, hört mit Ohren nicht,
Hat keine Sinnen! Gott ist Gott! Wer ihn
Mit Menschengeist ergründen will, der ist
Ein Thörichter, der einen Ocean
In seine hohlen Hände fassen will!
Er ist erhaben, ist vollkommen, ist
Was seine herrlichsten Geschöpfe sind,
Und wie der Andazull (**) vom Bannadar

(Wir

(*) Ein grosser Fürst.
(**) Vermuthlich der Sirius.

(Wir wollen unsrer Menschenseele nur
Den Maaßstab geben, daß sie messen kann)
So weit darüber ist er dort, und dort,
Und oben, oder unten, überall
Das Wesen aller Wesen, das zu hoch
Für meinen und für deinen Sinn, o Mensch,
Nichts will von dir, als Demuth! Hast du die,
Dann erst kannst du mit deinen Augen sehn,
Mit deinen Ohren hören, und in Gott
Andächtig seyn! Und, wenn du dann
Auf jenem Felsen sitzest, und herab
Auf einen König oder einen Schach,
Und, ihn verschwinden siehest, dann, o dann,
Dann wird das Wesen aller Wesen sich
Dir offenbaren, wird in deinen Geist
Ein Feuer senden, einen Blitz, und laut
Wird dein Gesang erschallen: Gott ist Gott!

IV.

Die Stimme.

In jener fünften, schönen, hellen Nacht
Des neunten Lenzen, meiner bösen Zeit
Und meiner festern Anschauung, stand ich
Auf jenem Kleebewachsnen Anger, den
Der hohe Buchenwald Anatabis
Umschattet, forschend in Gedanken tief,
Und betete: „Du, Wesen, über mir
„In diesem Monde, der sein Silberlicht
„So sanft zur Erde niedersenkt, und dort
„In allen Buchen, hier in allem Klee
„Du Wesen, überall, in Dunkelheit
„Und Helle, grosses Wesen, alles ist,
„Und du bist alles!„ Da, da leuchtete
Vom weitem Glanz, wie wenn ein rother Blitz
Aus einer schwarzen Donnerwolke fuhr'
Und plötzlich stille stehend würde, so
War dieser Glanz, und eine Stimme rief:
„Und Welt ist Welt, und Gott ist Gott!„ — — Und wie
Das helle Licht des Mondes, still
War es auf Anger, und in Buchenwald,

Und:

Und: Welt ist Welt, und Gott ist Gott! rief es
Zum zweyten und zum drittenmal' — O du
Der du den armen Grübelnden zurecht
Gewiesen hast, Geist Gottes oder Gott!
Dein Lob sing' ich! Es ist des Jammers viel
Um einen armen Grübelnden! Er geht
Mit seiner Qual in seinen Hain, er geht
Auf seine Trift mit seiner Qual, und sieht
Dort seine Heerden ruhig weiden, und
Beneidet sie! Geist Gottes oder Gott,
Dein Lob sing' ich! Er ist ein Helfer, der
Den Grübler unterrichtet: Gott ist Gott,
Und Welt ist Welt! Und alle Welt ist sein,
Und alle Welt erschallet: Gott ist Gott!

V.
Die Seele.

Aus meiner Seele den Gedanken, der
In einer dunklen Tiefe drinnen liegt,
Herauszuwinden, wer, ihr Menschen, leiht
Mir eine Winde? Menschen, was es ist,
Das in mir denkt, ist der Gedanke! Tief
Liegt er in dem, was ist! In dem, was mein
Und meines Wesens ist, in diesem Was
Liegt er zu tief! Mein volles Herze pocht!
Mein Alles strebt empor, hat eine Kraft,
Mein Alles ist mein Leib, ist meine Seel'!
Ist dieses Was, das meine Glieder lenkt.
Was aber, was ist Seele, was ist Leib?
Kann ichs ergrüblen, ha! so will ich mich
Auf ein Gebirge betten, will in Wald
Von euch, ihr meine lieben Menschen, und
Von Weib und Kind entfernen will ich mich,
Und grübeln! Alle Weisen konntens nicht!
Was denn? Nicht wissen wollen, was es ist,
Das in mir denkt, und denken! — Gott ist Gott!
Mein Alles ist von ihm, in ihm leb' ich,

Durch seine Macht ward seine Sonne, ward
Sein Sonnenstaub! Wenn Sonn' und Sonnenstaub
Nicht denkt, dann dünk' ich mich was Besseres
Als Sonn' und Sonnenstaub, ich denk' an Gott!
Und, unbekümmert, Menschen, was es ist,
Das in mir denkt, denk' ich an Gott,
Und Gott begnadigt mich, und abgesandt
Von ihm an euch, euch, seine Menschen, soll
Ich euch verkündigen, daß euer Geist
Und euer Leib, und beydes ungetrennt
Ein eignes Gottgeliebtes Etwas ist,
Das hier auf seinem Klumpen Erde nur
Einfältig seyn, in seiner bessern Welt
Zu beßren Thaten weiser werden, und,
Wenns immer weiser gern geworden ist,
In seiner besten ewig dauren soll!

VI.
Das Gesicht.

Wenn meine Seele sich in Gott vertieft,
  Dann ist der Leib, der sie umgiebt, hinweg,
Dann ist sie frey, dann, o! ihr Menschen, dann
Sieht sie mit Geistesaugen ihren Gott!
Den grossen, guten Herrlichen sieht sie,
Der sie mit dieser Kraft zu denken, der
Mit diesem Daseyn sie begabte, den,
Ihr Menschen, sieht die Seele, die vertieft
In ihrem Gott, von allem Irrdischen
Entfesselt ist. Ha! welche Wollust, ihn
Den grossen, guten Herrlichen zu sehn,
Den Unsichtbaren, den zu sehn, wie Er
Von Geistesaugen nur gesehen wird!

  Euch sagen das Gesicht, ihr Menschen, das
Verträgt die Sprache, die mit Zungen euch
Gesprochen wird, bey weitem nicht; es ist
Kein Wort zu finden, Menschen, keines ist
Zu machen, das euch sagt, wie Er
Von Geistesaugen nur gesehen wird!
Wenn aber ihr in eure Seelen tief

Mit euren schärfsten Forscheblicken seht,
Und seht, daß alles rein darinnen ist
Und alles hell, wenn euch die Wahrheit selbst,
Die Gott in allen Seelen sprechen läßt,
Das Zeugniß giebt, daß keine Heucheley
Und keine Feindschaft, keines einzigen
Geschöpfes eures Gottes Haß darinn
Mit euren schärfsten Froscheblicken nicht
Zu finden ist, dann, Menschen, fühlet ihr
In euren Seelen ein Verlangen, Gott zu sehn,
Ein brennendes! Auf dies Verlangen gebt,
Ihr Menschen, Acht! Und wenn in eurem Hain,
An eurem Bach, auf euren Fluren ihr
Ein Zulig (*) habt, woselbst ihr dann und wann
Mit euch allein euch still besprechen könnt,
Dann gehet sieben ganze Jahre durch
In dieses Zulig täglich, und besprecht,
Bis alles völlig ausgesprochen ist,
Mit allen euren Seelenkräften euch,
Und eure Seelenkräfte werden dann
Euch rathen, ob und wenn ihr euch, in die

(*) Zulig, ein stiller Ort, an welchen die weisen Menschen sich hinbegeben, über sich selbst Betrachtungen anzustellen.

Vertiefung eures Gottes wagen sollt.
Denn schwache Seelen zittern, beben, gehn
Zu Irrdischem zurük — Und wenn ihr dann
In die Vertiefung eures Gottes euch
Mit Spiegelhellem, reinem Willen wagt,
Dann, o! ihr Menschen, dann ist euer Gott
Der immer gnädige! Dann sehet ihr
Den grossen, guten Herrlichen, wie er
Von Geistesaugen nur gesehen wird?

VII.

Die Sonne.

Haſt du die Morgendämmerung geſehn?
 Haſt du das ſanfte Roth betrachtet, das
Die Wiederkunft der groſſen Sonne dir
Verkündigt? Wars in deinem Herzen ſtill?
In deiner Seele heiter? Da du ſie
Die groſſe Sonne ſahſt, was dachteſt du?
O! welche Wunder meines Gottes dort
In dieſer einen Sonne? Herz, bet' an!
Du, meine ganze Seele, voll von ihm,
Sing' ihm ein Lied! In jedem Sonnenſtral,
(Und jeder Staub empfängt den ſeinigen)
In jedem glänzt und leuchtet ſeine Macht
Und ſeine Gnade! Singet, Menſchen, ihn
Den mächtigen und guten Gott! Wenn ihr
In ihrem herrlichſchönen Aufgang ſie
Betrachtet, dann, ihr Menſchen, ſinget ihn
Den mächtigen, und guten Gott! Er hat
Mit dieſer Schönheit ſie geſchmükt, er läſt
Dies ſanfte Roth, das euch gefällt, ſo ſanft
Aus ihren Stralen quillen, daß es euch

Gefallen muß. Ihr Menschen, singet ihn
Den mächtigen und guten Gott! Er stellt
Dies helle Thaugewölk vor ihren Glanz,
Daß euer Auge, nicht geblendet, sie
Aufsteigen seh' in ihrem Pomp! Sie geht
Vor euren Augen ihren stolzen Gang
Und alles Finstere wird Licht. Sie steigt
Im Unermeßlichen empor, und thut
Den Willen ihres Gottes, Leben fließt
Mit ihrem Licht in alles um sie her!
In alles strömt die Gotterschaffene
Wohlthaten ihres Gottes. Sehet auf,
Sie stehet da! hat eines Menschen Hand
Sie hingestellt? hat eines Königs Macht
Die ebne Bahn, aus welcher sie nicht weicht,
Ihr angewiesen? Fraget sie! sie geht
Vor euren Augen ihren stolzen Gang,
Und prediget ihren Schöpfer schweigend, thut
Den Willen ihres Gottes, Tag für Tag
Und Jahr für Jahr, ihr Menschen, singet ihn,
Den mächtigen und guten Gott! Sie geht
Vor euren Augen ihren stolzen Gang,
Und wenn es scheint, sie gehe niedriger

Vor

Vor euren Augen ihren stolzen Gang,
Dann dekt ein Purpurmantel ihr Gesicht,
Dann ist ein Stralenmeer um sie, dann sinkt
Sie nieder, aber ruhet nicht! Sie geht
Vor euren Augen ihren stolzen Gang
Und um den eurigen ist Finsterniß, und dann,
Dann ruhet ihr; ihr Menschen, singet ihn,
Den mächtigen, und grossen, guten Gott!

VIII.
Der Wurm.

Gott sieht — der allgemeine Vater sieht
Von seinem unsichtbaren Himmel, wo
Der Mittelpunct von allen Wesen ist,
In alle seine Cörper, und zugleich
In alle seine Geister, sieht das Mark
Des größten, und des kleinsten, sieht! — und sieht
In Allem Alles! Wenn du es, o Mensch,
Begreifen willst, dann geh' und miß — und miß
Nach deinem kleinen Erdenwesen nicht
Das Wesen Gottes, du, Geschöpfe; miß
Nach deinem Auge nicht das Sehen des,
Der aller Augen Schöpfer ist. Er sieht
Mit keinem Saft und keinem Gläß! Sein Blick
Ist Einer! Dieses wiße! Willst du mehr
Von seinem Einem Blicke wissen? Ganz
Hindurch durch deine Seele dringet er,
Und alle deines Herzens Winkel sind
Ihm aufgedeckt! In einem hegst du Stolz,
Und hast in deinem Auge Demuth! ha!
Welch' eine ungeheure Narrheit, Gott

Betriegen wollen! Armer, trieg' ihn nicht,
Er läßt von dir sich nicht betriegen! Ihm
Ist keine Finsterniß, du täuschest ihn
Mit allen deinen tausend Krümmen nicht.
In deinem Blick ist Anbetung, ist Gott!
In deinem Herzen Brudermord! O du,
Du armer Blöder — deines Gottes Blick
Sieht deine Miene sich verzerren, sieht
Den Brudermord begehen! Wie so schwach
Ist deine Seele, welche nicht erkennt,
Daß Gott in Allem Alles sieht. Du hast
In deinem Erdeleben nie gedacht:
Was Gott ist; kannst du denken? Denk es noch!
Und deines niedern Stolzes wirst du dann
Und deiner jämmerlichen Heuchelei,
Und deiner ungeheuren Narrheit auch
Dich schämen! wirst den Bruder lieben, wirst
Vor deinem Gott bereuen, daß du Wurm
Im Geisterreiche seiner Schöpfung dich
Ein Etwas dünktest, welches du nicht warst,
Das aber du, wenn deine Seele sich
Zu Gott erhebt, und Wahrheit liebt, dereinst
In seinem zehnten Himmel werden kanst.

IX. An

IX.
An Adazull.

Auf diesen heiligen Geburgen, Adazull,
  Auf welchen alle Weisere des Volks
Anbeten, diesen Ersten Weisen, der
Die Himmel alle prächtig über uns
Gewölbet hat, in diesem stillem Hain,
In welchem, abgezogen von der Macht
Des Irrdischen, gesammlet, unser Geist
Das Himmlische betrachten kann, in dem
Bin ich mit dir am liebsten, meinen Geist
Zu sättigen. Du kommst, und meine Seele spannt
Die Segel ihrer besten Freuden dir
Entgegen. Komm, o komm, mein Adazull,
Mich dürstet! Bester! Seelendurst
Ist brennender, verzehrender, als der
Des armen Erdenklumpen, der um uns
Geworfen ist, von unserm Gott; o komm
Und lösche meinen Sonnenheissen Durst
Nach deiner Weisheit, komm', ich lechze! denn
Ich habe Tage schon hinaus nach dir
Mich umgesehn, geseufzet Tage schon

Nach deiner Stimme süssen Thönen, und
Nach deinem tiefern Halladat, (*) von dem
Der alle Himmel prächtig über uns
Gewölbet hat. Gewaschen hab' ich mich,
In dem geweihten Quell Abasgrit
Am Thal der guten Menschen schon, und bin
Hinaufgeflogen, in dem Feuer, das
Die Seele läutert! Ungerechtes ist
Nicht mehr darin, Beflektes nichts, und nichts,
Das reiner Geister zärtliches Gefühl
Erschüttern kann. Des Sinnlichen Gewalt
Hat abgenommen dreißig Tage, Tag
Für Tag, hat seine grobe, schädliche
Gewalt nicht mehr! O komm', und laß
Zu deinem Heiligsten mich ein! Thu' auf
Das Vestverschloßne, das der Blindere
Nicht sehen darf, weil, wenn ers sähe, Licht
Ihm leuchtete, noch viel zu hell für ihn,
Für sein noch nicht versöhntes stolzes Herz,
Für sein noch schlafendes Gewissen, für

Die

(*) Halladat, ein rothes Buch, in welchem der Weise seine besten und freyesten
Gedanken niederschreibt, und in seinem tiefsten Gewahrsam aufbehält, bis er
einen Weisen findet, dem er ohne Sorgen alles offenbaren darf.

Die Augen seines Geistes! Thu' es auf
Und laß mit einem Geistesblicke heut
Mit einem halben Geistesblicke nur
In dieser Hinwerfung, Geliebter, mich
Nur eine Tiefe deines Gottes sehn!

X. Der

X.
Der Zweifler.

Du Trauriger am Felsen-Absturz dort!
　　Du zweifelst, ob ein Gott vom Himmel sieht,
O! sieh' hinauf! sieh' seinen Wolkenzug!
Und seinen milden Regen, seinen Blitz,
Und höre seinen Donner! — Wenn sein Sturm,
Gehorsam seinem Willen, allen Duft
Und alle seine Wolken über dir
Hinweggetrieben hat, dann sieh hinauf
Zu seinem hellen Himmel, und wenn dann
Dein Herz nicht frölich ist, wenn dirs nicht sagt:
„Von diesem Himmel sieht ein Gott herab;
„Ein guter, der uns alle liebt, ein Gott
„Der diese seine Wolken regnen ließ —„
Dann, armer Blinder, steige, steige nur
Auf jene Spitze dieses Felsen, wo
Sein Adler nistet, und, o du, dem nicht
Ein guter Gott von seinem Himmel sieht,
Du, der du zweifelst, armer blinder Mann,
Und armes blindes Weib, und armer Sohn
Und arme Tochter, stürze, stürze dich

Von dieses Felsen Spitze nur herab,
Und werde wieder, was du warest, Staub,
Und warte, Staub, ob etwa noch einmal
Der Gott, der dort von seinem Himmel sieht,
Auf eine seiner Geisterstufen dich
Erheben will! Denn besser, besser ist
Ein träger, todter, Seelenloser Staub
Hier seyn in seiner schönen Welt, als Geist,
Und zweiflen, ob ein Gott vom Himmel sieht!

XI.
Amatabas.

In welche Gegenden der Schöpfung ist,
 Von ihres grossen Schöpfers Grösse voll,
In dieser hellgestirnten schönen Nacht
Mein Geist verschlagen? Ungeheuer stehn
In fürchterlichen Thiergestalten da,
Mit offnen Rachen! — Löwenrachen sind,
Wie Lämmermäuler gegen diese! Gott!
In welche Gegend deiner Welt? Ist nicht
Auf deinem Erdenklumpen alles böse? herrscht
Amatabas in deiner ganzen Welt?
In deinem Andazull (*)? in deinem Zott? (**)
In deinem Dillabi, (***) der unserm Blick
Von einem Hirsekorn die Kohle scheint?
In deinen Millionen Feuerkugeln, die
Wie eines Säemanns hingeworfne Saat
Gesäet sind um dich herum, um Dich,
Allmächtiger, wenn einen Ort du hast,

Du

(*) Der Sirius.
(**) Jupiter.
(***) Mercurius.

Du Grosser, der im Unermeßlichen
Sein Wesen hat, und unveränderlich
Erhaben über Raum und Zeit, Gott ist!
Ha! wenn er herscht in deiner ganzen Welt,
Dann bist du nicht der Gott der Götter, nicht
Der Allesmächtige, der eines Worts,
Wir reden menschlich, eines Winks bedarf,
So wären tausend seiner Sonnen — — Nichts!
So wär' in allem Raum, in aller Zeit
Von nun an bis in Ewigkeit — nur Er!
Dann bist du nicht der Einzige, der uns
Erschaffen hat, nicht der Vollkommenste,
Der keines Schöpfers nöthig hatte, nicht
Der Herrscher über alles! — — Aber, Gott,
Du bist der Gott der Götter, Gott, du bist
Der Allesmächtige, der eines Winks,
Der seines Gottes-Willens nur bedarf,
So wär' Amatabas hinaus, hinaus
Aus seiner Welt, und doch — — Er herscht
In deiner ganzen Welt Amatabas,
Der Gott des Bösen! — —
     Rama Thulides,
Der Tröster der Betrübten, kam und gieng

Um mich Vertieften, ungehört, herum,
Und hörte meinen Hader, meinen Krieg
Mit meinem Gott, und legte leise sich
Zu mir an meinen Rasensiz, und sprach:

„Du grübelst wieder, Armer! dieser dein
„In deinem Grübeln sogenannter Gott
„Des Bösen, dieses Ungeheuer, das
„Mit offnem fürchterlichen Rachen oft
„Auf deiner Flur, in deinem Palmenhain
„In deinem Herzen dich erschrekt, ist dir
„Ein schwacher Gott! Er ist so gut, wie du
„Von dem Erschaffenden erschaffen, ist
„So gut, wie du, ein Unterworfner, ist
„Der erste Sclave deines Gottes, ist,
„Weil Alles ist. Sieh', Armer, sieh hinauf,
„Unzählige der Sonnen über dir
„Beleuchten deines Gottes Werke, stehn
„In ewigem Gehorsam unter ihm,
„Wie? wenn aus allen diesen Erden, und
„Aus allen diesen Feuerkugeln Gott
„Was möglich war in Geist und Körperwelt
„Erschaffen wollte? Wenn er wollte, daß

„In

„In allem seinem Raum und seiner Zeit,
„Was möglich war in Geist und Körperwelt,
„Entstehen sollte? Mußte dann nicht auch
„Amatabas? — Und kein Geschöpfe darf
„Den Schöpfer fragen, was er will; er ist
„Dem Fragenden ein guter Gott —„ Und ich,
Bedenkend meines Trösters Weisheit, lag
Mit angeschmiegtem, blassem Angesicht
An seiner Brust, und horchte, Gott getreu,
Des Gottergebnen Weisen Herzensschlag,
Und sah im Finstern und im Hellen nun
Kein Ungeheuer, sah den guten Gott,
Und sang mit meinem Rama - Thulides,
Dem Tröster der Betrübten, herzvereint,
Und unter seiner grossen Sternenburg,
Dem Guten einen hohen Lobgesang!

———————

XII. Der

XII.

Der Käfer.

Du raubst dem Löwen seine Jungen, legst
 Dem Bär, dem Brummer, einen Ring
Um seine Nase, baust gemächlich dir
Ein Haus auf deinem Elephanten, Mensch!
Du bist ein höheres Geschöpf, ein viel
Geliebteres dem hohen Schöpfer! Sieh
Von allem dem Lebendigen da hier
Um dich herum, und über dir, und dort
Im grossen Tap (*), in welchem Baraphit (**)
Zehn tausend gute Mannes Spannen lang
Und tausend breit ein mächtiger Tyrann
Den grossen und den kleinen Fischen ist,
Was wärest du wohl lieber, als ein Mensch?

Vielleicht ein Hirsch, weil er so rasch daher
Geflogen wie ein Vogel kommt? Hast du
Denn wohl auch schon im Laufen dich geübt?

Ein Roß vielleicht, gestaltet, ey wie schön!
Wenn es im Wasser sich besieht! Es hat

Von

(*) Tap, ein grosser Meilenbreiter Fluß.
(**) Ein ungeheurer, von Fischen lebender, Fisch.

Von hundert Adlerfittigen die Kraft
In seinem Huf, ein armer Todter liegt
Wohin es schlägt! Du aber stärker, hast
Auf seinem Rücken deinen Siz, du machst's
Mit einer kleinen Ruthe zittern, lenkest
Mit einem Riemen seinen Gang; o Mensch!
Auf dieser Leiter deines Schöpfers, die
Auf todtem Felsen steht, und bis zu ihm,
Durch aller Himmel Himmel reicht, bist du
Ein höheres Geschöpf, an welchem Er,
(Wenn eines Menschen Seel = Empfindung Gott,
Der alles alles denkt, was war, und ist
Und seyn wird, alles denket, haben kann)
Ein Wohlgefallen hat. In allem Raum
Der Himmel, und der Erden, und des Staubs
An deinem Scepter, oder deinem Stab,
Sieht göttlich Gott, was schön und gut gestimmt
Zu seinem allgemeinen Zweck, nur Stoff
Von seiner Weisheit, als er Schaffer war,
Gelassen ward; in allem diesem, das
Zu besserm Seyn auf einen höhern Stand
Hervorgerufen ward, sollt' er nicht sehn,
Was seiner Schaffung Beßres? was

Sein Bestes ist? Ha! deine Würde, Mensch,
In deiner Seele recht erwegen, ist:
Die erste Pflicht; die andre: deinen Rang
Vor deinem Gott behaupten, und nicht tief
Hinunter sinken zu dem Baraphit
Und nicht zum Löwen, nicht zum Bär! Auch nicht
Zu diesem kleinen Käfer, welcher seines Seyns
In diesem schlechten weggeworfnen Schlamm
Sich freut, und sein Gewühl darin vielleicht
Für einen Himmel auf der Erde hält.

XIII. Das

XIII.
Das Recht des Starken.

Dem Stärkern, sagt man, habe Gott ein Recht
Des Schwächern Herr zu seyn, gegeben! Wo?
Wo gab es Gott dem Stärkern? Und, wo ist
Der Stärkre? Löwe, Tiger, Wolf und Bär
Stehn fertig, sich mit ihm zu messen, wenn
Er Lust mit ihnen sich zu messen hat!

Ein schöner Krieg! — Und, wenn nach langem Streit
Ganz abgemattet, überwunden da
Der Löwe liegt, und Tiger, Wolf und Bär
Das mißliche Gefecht nicht wagen will,
Ein schöner Sieg! Verwundernd sehen wir
Den Löwenbändiger, der seine Kraft
Nicht ganz erschöpfte, nicht in seinem Blut,
Ein leicht besiegter Schwacher, vor uns lag,
Und endlich einen stärkern über sich
Erkennen wollte, wenn er Leben nur
Erhalten könnte; neigend sehn wir ihn
Und wollen, wenn er drauf besteht, auch wohl
Mit Lorbeern seine Scheitel kränzen, und
Auf einem Elephanten, oder auch
Auf einem schönbemähnten Hengste, der,
Mit Stolz daher zu gehn gelehret ward,
Zur Schau ihn führen; aber, aber ihn

Den Stärkern über uns erkennen, ihm
Die Knie beugen, seine Knechte seyn,
Das, glaub' ich, möchte von uns allen ja
Wohl keiner wollen, keiner, glaub' ich, nicht,
Und hätt' er noch so wenig Knochen-Mark;
Denn Geist ist mächtiger, als Leib; Ein Pfeil
Auf einem Bogen gut gelegt, und gut
Hinweggeschnellt, bezwingt den Rup, (*)
Der seine krumgewachsnen Hörner wohl
Zu brauchen weiß, nicht aber seinen Kopf
Mit Weisheit ausgerüstet fühlt, und nicht
Dem Späher, nicht dem Tiefversteckten, und
Dem starken Seil in einer Grube nicht
Entrinnen kann;
    Dem Weisesten gab Gott
Das Recht zu herrschen, und mit diesem Recht
Die Schuldigkeit, mit stiller Weisheit stets
Das Nöthige des allgemeinen Wohls
Und des besondern zu beherzigen,
Und jeden Theil des Ganzen an den Zwek
Des Welt-Erschaffers hinzuführen, hin
Zu Seeligkeit und Freude! Gott regiert
Mit stiller Weisheit seine ganze Welt!

(*) Eine Art von wilden Stieren.

XIV.
An Jdalup, den Bildhauer.

Von deinem Gott ein Bildniß wolltest du
    Dir machen, Armer! Hast in deiner Hand
Die Hakke noch? — Und wenn in deiner Hand
Ein Meissel wäre, welcher Marmor leicht
Auf deines grossen Geistes raschen Wink
In eine wunderherrliche Gestalt
Verwandlen könnte, dennoch rath' ich dir,
Den Meissel wegzuwerfen! — Denn von Gott
Ein Bildniß machen wollen ist Beweiß
Von Geistes Schwäche.   Daurende Gestalt
Gieb seinen höhern Geistern, gieb auch dem,
Der unter Menschen edle Thaten that!
Dem Gottgedankten Fürsten, der die Lust
Des menschlichen Geschlechts und seines Volks;
Dem Patrioten, der der Steuermann
Des Vaterlands, und seines Fürsten war;
Dem Weisen, der, bey später Lampe, Licht
In finstre Seelen seiner Brüder trug;
Dem stillen Frommen, dessen Frömmigkeit
Erst dann gesehn von scharfen Augen ward

Als er hinaufgetragen, lange schon,
In seines Gottes bessern Geisterwelt
Den Lohn für seine Tugenden empfieng;
Dem guten Weibe, dessen Güte spät
Dem Enkeltöchtern noch Exempel ist.
Nur deinem Gott gieb keine! Deinen Gott
Kannst du nicht schnitzen, und nicht konterfeyn;
Er ist der Unsichtbare, dir zu groß!
Und gäbst du ihm erhabene Gestalt,
Aus welcher Allmacht und Gerechtigkeit,
Erbarmung, Gnade, Liebe, Langmuth; und
Die höchste Weisheit unser aller Herz
Zur Anbetung auffoderten, an der
Die grossen Künstler alle deine Kunst,
Und deines Geistes grosses Ideal,
Bewundern müßten, dennoch hättest du
Den Unsichtbaren schlecht gebildet, und
Nichts mehr als nur ein kleines Götzenbild
In deinem Tempel hingestellt, zum Spott —
Zum Spott? O! nein, zum Mittleid, Aergerniß,
Und zur Verengung der beklemmten Brust
Des Weisen, der in seiner Seele tief
Den grossen Gott der Götter und des Wurms,

Der Sonnen und der Erden, nur sich denkt,
Und, hingeworfen auf dem Staub, aus dem
Sein grosser Schöpfer, wenn er will, den Geist
Des Menschen winket, oder Himmel wölbt,
Anbetet, und in seiner Anbetung
Den nahen Gott empfindet, oder ihn
In seinem West, in seinem Meeressturm,
In seinem Donner, und auf Fittigen
Des Blitzes gegenwärtig hört, und sieht.

XV.
Die Aussicht.

Die Felsenspitze Beladilla reicht
   Bis an die Wolken! Einst stand ich darauf
Und sah' ins Thal Etheremol hinab
Und sah die Menschen unter mir so klein
Wie Käfer kriechen! Gott, o Gott, dacht' ich,
Und diese Käfer wärens, welchen du
Den Himmel und die Erde schufst? und sah
Den blauen Himmel über mir gewölbt;
Ha! welch ein Zelt für einen Käfer! Gott
Für einen Menschen! — Noch einmal sah' ich
Den blauen Himmel, und aus meiner Brust
Verschwand der kleine Stolz, ein Mensch zu seyn,
Und nicht ein Käfer. Gott, in deiner Welt
Ist alles groß, ist alles herrlich! Gott,
Von diesem Hügel deiner Welt seh' ich
Mit diesen meinen Menschen-Augen nur
Die Oberfläche deiner Dinge, nicht
Ihr ganzes Wesen; welch ein Raum von mir
Bis da, wohin mein Auge seinen Blick
Zu Sternen trägt! — — Und dieser nicht erfüllt

Mit

Mit denkenden Erschaffnen? Meinen Gott,
Den Allesmächtigen, zu preisen nicht
Voll Geist und Leben? — — Leerer, todter Stoff
Ist Beladilla, Miridam, Gelut, (*)
Sind Klüfte, Ströme, Seen, Höhlungen
Des Innersten der ganzen Erde nicht;
Vielleicht, daß wir auf ihrer Borke nur
In kleinen Hütten wohnen! daß hinein
In ihre Mitte sehen können, uns
Ein Auffschluß wäre mancher Schwierigkeit,
Die unsre Weisen denken, oder auch
Nur träumen! Alles aber, alles dies
Aus dieser tiefen Finsterniß vor uns
Herauszuforschen, hangen wir zu vest
An todtem Stoff; wenn unser Geist erst los
Von seinen Banden ist, dann werden wir
Von unserm Beladilla weiter hin
Und tiefer sehen! Schuppen fallen dann
Von unsern Augen! Undurchdrungenes,
In Geist und Körperwelt, wird unser Geist
Mit seiner freyern Denkens-Fähigkeit
Ins Innerste durchdringen! Krummes wird

(*) Miridam, Gelut, unersteiglihe Gebürge.

Gerade seyn, und Böses gut, und Gott
Die unabläßige Bewunderung
Des armen Sehers, der in seiner Welt
Der Schmerzen und des Bösen immer mehr,
Als des Vergnügens, und des Guten fand.

Das rothe Buch.

Zweyter Theil.

I.
Der Weg des Lebens.

Könnt' ich die Menschen alle, reich und arm
Und hoch und niedrig, auf den rechten Weg
Des Lebens führen; o! wie wollt' ich dann
Mich meines Gottes freuen, der es mir
In meine Seele legte, Tag und Nacht
Darauf zu sinnen, wo der rechte Weg
Des Lebens sey! Die Menschen alle gehn,
Allein wohin? das weiß von Tausenden
Nicht einer! Gott, von dir wie weit verirrt
Sind deine Menschen! —— —— Stärke meinen Geist,
Daß er nicht unterliege! Götter machen sie
Aus ihren Klötzen! Leben nehmen sie,
Und haben keins zu geben! Menschen sind
Betrieger deiner Menschen! Finster ists
In ihren Seelen! — Sollen sie es seyn?
Ha! diese Frage, diese marterte
Den Frommen, der in Tullots Höle saß,
Und forschte, was es doch wohl sey, daß Gott
Die Menschen nicht erleuchte? — War's ihm schwer,
In seiner Welt die Menschen alle gleich

An Denkens=Fähigkeit zu machen? Steht's
In seiner Macht in ihr ein Oertchen leer
Von denkenden Geschöpfen hier, und dort
Zu lassen? — Wärs nicht besser leer, als so
Mit diesem Narren, diesem Dummen, und
Mit diesem Götzendiener ausgefüllt?
Mit diesem Priester, der dies gute Lamm,
Das da so frölich auf der Weide springt,
Mit einem seiner Messer, ach nun bald
Für einen seiner Klötze schlachten wird?
Ihr Menschen, schlachten? — Diese Frage that
Der Fromme, der in Tullots Höle saß,
Mit Gramerfülltem Herzen seinem Gott,
Und seinem Gott gefiel es, in den Geist
Des Frommen diese sanfte Seeligkeit
Zu senden, diese Stille, die so Noth
Dem Denker ist, und da begriff er einst
An einem hellen Tage seines Gottes: „Daß
„Wenn alle Geister Dullats (*) wären, Gott
„In seiner grossen Welt ein Einerley
„Und das von minderer Vollkommenheit
„Als dies verschiedne seiner grossen Welt

(*) Dullat, der Name des Frommen.

„Erschaffen hätte;„ darum, dacht' er, ists
In manchen Seelen finster; tausende
Der Blumen schmücken deine Wiesenflur,
Wie? wenns allein die Rose wäre? Gott!
Wie herrlich ists in deinen Stufen! Dort
In deinem hohen Biridam(*) vielleicht
Die höchste, hier die niedrigste; Wohlan,
Wir klimmen höher, aber nicht zu dir!
Du bist zu hoch, zu hoch dem Weisen, der
Auf deiner Stufen tausendsten vielleicht
Hier unten steht, und eifert, und hinauf
Zu dir, zu dir sich schwingen will, und nicht
Von seiner Stufe sich erheben, nicht
Hin, über seine Marken, sehen kann,
Nicht aufwärts und nicht niederwärts, wo er
Den rechten Weg des Lebens sucht, und steht
Und in sich selber sich verliert. Wohl ihm,
Wenn er erkennt, was für ein Nichts er ist,
Wenn er erkennt, der Weg des Lebens sey,
Sich seines Schöpfers freuen, der so groß,
So wunderbar, und unerforschlich ist,
Auf allen diesen Stufen, wo wir stehn,

(*) Ein Stern, der nur den schärfsten Augen sichtbar ist.

Zufrieden seyn, und wissen, daß wir dann
Zu Gott nur gehn, wenn wir mit jedem Schritt.
Für uns und anderes, mit jeder That,
Mit jeglichem Gedanken, Tag für Tag,
Auf unserm Lebenswege besser und
Vollkommner werden! Menschen, könnt' ich das
In eure Seelen legen, o! wie wollt' ich dann
Mich eurer grössern Erden = Seeligkeit
Und meines grossen herrlichen Berufs
Und meines wunderbaren Gottes freun!

II.

Der Verwalter.

Wenn Gott mit Gütern dich gesegnet hat,
 Mit Gütern, welche Tausende vielleicht
Ernähren könnten, dann, o Mensch, was ist
Die erste Pflicht? Zu zählen, ist ja wohl
Die erste Pflicht! Du hast, was Tausenden
Genommen ist! Fang' an zu zählen! Eins —— ——
Das Eins bist du! die andern folgen. Du!
Geh' in dich selbst! Was bist du besser? Geh',
Und sag' es dir, daß keines Menschen Ohr,
Daß nur dein Herz es hört! und dann kehr' um,
Kehr' um an Gottes Tageslicht, und geh',
Und gieb den Hunderten, die besser sind,
Und gieb den Zehnen einen kleinen Theil
Von deinen Gütern! Ha! du gehst, du bist
Ein Gottgeliebter! Diese Zeitlichkeit
Ist dir ein Augenblick, und den und den
Zu nutzen gehest du geschwind, und giebst
Fünfhunderten von deinen Gütern, giebst
Dann wieder zweyen alles! Diese sind
Von deinen Tausenden die besten, sind

Die Aermsten. O! Taledobar, du bist
Ein Gottgeliebter! Segne, segne, Gott,
Den ehrlichen, gerechten Mann, der sich
In seinen Rechnungen, die er vor dir
In deinem Heiligthum, wenn du allein
Den Reichen richtest, und den Armen, einst
Als dein Verwalter, abzulegen hat,
Für tausend nicht, und nicht für funfzig zählt.

III. Der

III.

Der reiche Mann.

Ein reicher Mann, der Zuta-Zarak (*) hieß
Und heissen soll, besaß als Eigenthum
Zehn Meilen Landes; alle Welt nannt' ihn
Den reichen Mann. Er hatte, was sein Herz
Begehren konnte: seine Burg lag hoch
Auf einem Felsen, und sein hoher Thurm,
Erbaut von einem seiner Väter, stieß
An hohe Wolken! Rund um ihn konnt' er
Die Hälfte seines Landes übersehn;
So lag er in der Mitte! Jeden Tag
Bestieg er seinen Thurm, und sah' herab
Auf seine Sclaven, seine Thiere, sah'
Auf ihren Fleiß, und wenn er irgendwo
Nur einen sah, der nicht an seinem Joch
Das alles that, was angestrengte Kraft
Der Knochen kann, dann war er ausser sich
In seinem Zorn, dann hielt er keine Maaß!
Mit funfzig Peitschenschlägen jedesmahl
Zum mindesten bestraft' er ihn, und selbst!

Denn

(*) Der Peitschenträger.

Denn Sclaven peitschen war ihm eine Lust!
Ha! welch' ein Ungeheuer unter Menschen ist
Ein solcher reicher Mann! und doch, o Gott,
Sind ihrer leider unter Menschen viel!
Ich werfe mich in Staub, ich wage nicht
Die Augen aufzuschlagen, denn, o du,
Du Schöpfer aller Dinge, Gott, o Gott,
Den schrecklichen Gedanken, den, daß du
Die Ungeheuer unter Menschen auch
Erschaffen hättest, den dacht' ich und ach!
Ich zittre, Gott, vor dir! Denn wer vermag
Es einzusehen, was es ist, daß du
Die Ungeheuer unter Menschen auch
Erschaffen hast! Allein, du bist gerecht!
Das tröstet mich. Denn Zuta=Zarak saß
Auf einem Polster, hatte, Gott, von dir
Zehn Meilen Landes, hatte Menschen, die
Für ihren Herrscher ihn erkannten, sollt'
Ihr Vater seyn, und war es nicht. Gerecht,
O Gott, bist du! Denn Zuta=Zarak ward
An seinen beiden Augen plötzlich blind,
Und doch bestieg er seinen Thurm, und trug
Mit seiner Blindheit diese Qual hinauf,

Daß

Daß er nicht einen seiner Sclaven sehn,
Und peitschen könnte. Gott, du bist gerecht!
In zwanzig Jahren quoll ihm keine Lust
In seinem Herzen, alle flossen ihm
Mit trägem Fluß! Er lebte — lebte, wenn
Solch Leben Leben ist, nicht einen Tag
An Seel' und Leib zufrieden, und gesund!
Aus seinem grossen goldnen Becher trank
Der blind gewordne Wütrich immer noch
Schweißtropfen seiner Sclaven zwar, allein
Ihm saß in seinem Eingeweide Schmerz!
Er sang auf seiner Burg, auf seinem Thurm
Nicht eines dieser Freudenlieder, die
Bey ihren Quellen seine Sclaven nun
In ihrer Unschuld sangen, Schöpfer, dir!
Auch hatt' er keinen süssen Schlaf, wie die,
Die seine Sclaven waren, und sich nun
Durch seiner Augen Finsterniß erlöst
Von dem Tirannen sahn. Du bist gerecht,
O Gott, mein Schöpfer, Gott, du bist gerecht!
Und deinen Menschen will ichs predigen,
Daß du es bist. Denn Zuta = Zarak stand
Auf seinem Thurm, und ward von einem Strahl

Aus deiner Hand getroffen, und herab,
Herab von seinem hohen Thurm gestürzt,
Und eine Menge seiner Sclaven sah
Den Wütrich stürzen, und der Wütrich lag,
Er lag, gerechter Gott, in seinem Blut,
Und seine Sclaven standen um ihn her
Und klagten seinen Fall und beteten:
„Ach! seine Seele, Gott, gerechter Gott!
„Daß sie von deinem Blitz getroffen, und
„Zu einer bessern umgeschmolzen sey!„
Das beteten die Sclaven. Besser ist,
Ihr Menschen, hier in unsers Gottes Welt
Ein Sclave seyn, wie diese Sclaven, als
Mit eines Zuta-Zaraks Seele, Herr
Von tausend Sclaven! Saget: **Besser ist's!**
Ihr Menschen, und wenn eure Seele reich
An Tugend ist, und euer Leib gesund,
Dann neidet keinen Zuta-Zarak, der
Ein Ungeheuer unter Menschen ist.

IV. Die

IV.
Die häuslichen Freuden.

Ein weiser Mann (still heitere Vernunft
 In seinem niedersehenden Gesicht
Bestärkte jeden, der ihn sah', er sey
Ein weiser Mann) mit Nahmen Ebarit
Abuladott, der seinen Vater noch
Und seine Mutter, hohen Alters, noch
Am Leben hatte, sah sein männlich Bild
Im Bach Aranda, den die Heiligen
Der grossen Wüsteneyen trinken, sah's
Und fand ihm plötzlich plötzlich Aehnlichkeit
Mit seinem alten Vater. Vater, sieh,
Rief er, ich werde stolz, ich gleiche dir!
Und da, da trat der alte Vater hin
Zu seinem Sohn, faßt' ihn an seine Hand
Und bückte sich, und sah zugleich mit ihm
In hellen Bach, und sah sein graues Haar
Und seines Sohns noch schwarze Locken, und,
Indem sie beyde sich besahen, kam
Auch noch die alte Mutter; Vater, Sohn
Und Mutter, alle dreye standen nun

Am hellen Bach, und sahn sich drinn, und dann
War unter ihnen eine Freude, wie
Die Freuden guter Geister! Vater, Sohn
Und Mutter weinten, drükten, küßten sich
Und rühmten ihrer Leben Seligkeit.
Der Vater: daß er ein so gutes Weib
Gefunden hätte, willig ihm die Last
Des Erdenlebens zu erleichtern, ihm
Zufriedenheit ins Herz zu lächeln, und
Ihm seinen Männerernst zu mäßigen;
Die Mutter: daß der beste Mann ihr Looß
Geworden sey; Der Sohn: daß er so sehr
Dem Vater ähnlich sehe! Dieses war
Ihr herzliches Gespräch. Dann aber gieng
(Und Sohn und Mutter sahen hinter her)
Der Vater, in den Augen Fröhlichkeit,
Den Berg hinunter, stand dann, sah sich um,
Und endlich saß er nieder, wie vertieft,
In die Gedanken des Gesprächs, und sah
Den Sohn und seine Mutter, die vertraut
In zärtlicher Umarmung giengen, noch
Sich unterreden. Mutter, sprach der Sohn,
Ich kenne meinen theuren Vater; Gott!

Wenn ich in allen seinen Tugenden
Ihm ähnlich wäre; Welch' ein Herz er hat!
Welch einen Geist! Als ihn Bedulamoth,
Der böse Mann, verfolgte, seinen Feind
In seinem ganzen Leben sich bewieß,
Mit welcher weisen Unterwürfigkeit
In seines Gottes Willen hat er es
Ertragen! Hat er seines Lebens Feind
Noch endlich überwunden! Gott, wie schön
War diese That! Mit seines Lebens Feind
Sich auszusöhnen gieng er heimlich hin
Zu seinem letzten Krankenlager, fand
Ihn blaß und sterbend! **Bruder,** sprach sein Feind,
Ich kann nicht sterben, deine Hand! und da,
Da bükte sich mein theurer Vater, nahm
Die Hand des Sterbenden, und drückte sie,
Wie seines besten Freundes Hand! und sprach
Den Segen Gottes über ihn! und, ach!
In diesem stillen ernsten Augenblick,
In dem der Sterbende, getröstet nun,
In seine beßre Welt hinüber gieng,
Ich kanns euch nicht beschreiben, Mutter, wie
Das Auge meines theuren Vaters da

So heiter war! Er sah mich an, ich stand
Nicht weit von ihm, es war ein Sonnenblick
In meine Seele; Gott, wie lieb' ich ihn!

Die Mutter aber floß in Thränen; Sohn,
Sprach sie, in deinem: Gott, wie lieb' ich ihn!
Erkenn' ich meinen Ebarit; und gab
Ihm einen Kuß; so mütterlich, wie sie
Noch keinen ihm gegeben hatte. Nu!
Was ists? rief da von seinem Rasensiz
Der alte Vater, und stand auf und gieng
Der Mutter und dem Sohn entgegen, gieng
Mit munterm Schritt und fragte: Was es sey?
Und als die Mutter gern es sagte, da
Da gab der Vater seinem guten Sohn
Auch einen Kuß. — Welch' eine Seeligkeit,
Ein Vater seyn, wie dieser Vater, und
Ein Sohn, wie dieser Sohn, und so geliebt
Von seiner Mutter! Welche Seeligkeit
Auch auf der Erde, wenn die Menschen sich
Einander lieben, wenn die Eltern und
Die Kinder sich einander lieben! Ha!
Wie schön, wie schön in meines Gottes Welt!

Mein Vater, meine Mutter sind darin!
Und du, mein Bruder, du, mein Ebarit—
Abuladott! Ich flieg' in seinen Arm,
Er ist mein Bruder! Gott, wie lieb' ich ihn!

V. Die

V.

Die Quelle.

Ich trank mit meinem treuen Ebark,
Abuladott aus einer Quelle! Ha!
Wie wurde da mein Durst gelöscht! Er gab
Aus seiner Schaale mir zu trinken, ich
Aus meiner ihm! Dann aber saßen wir,
Und sprachen mit einander Zärtliches
In unsre Herzen! Etwas hab' ich mir,
Sprach er, in meinem Leben oft und oft
Von Gott erbeten, eine Tochter! Gott
Hat mir sie nicht gegeben; lange Zeit
War ich betrübt, und gieng allein, und ließ
Es mir nicht merken. Denn mein Vater nahm
An allem meinen Leiden allzuherzlich Theil!
An einem Abend aber gieng ich her
Zu dieser Quelle, löschte meinen Durst,
Und horchte dann in ihr Gesprudel, und
Da wars, als hört' ich Worte, deutlicher
Vernahm' ich sie, sie sagten: Gräme dich
Deswegen nicht. —— Gewiß, ein guter Geist
Gebrauchte das Gesprudel, meinen Geist

Zu Gott zurük zu führen, denn von Gott
Mit allzuheissen Wünschen Glük erflehn,
Das Unglük würde, dieses ist: von Gott
Und seinen Willen sich entfernen; Laut
Scholl es in meinen Ohren: Gräme dich
Deswegen nicht. Und immer, immerhin
Wenn ich an dieser Quelle schöpfe, schalts
In meinen Ohren lauter: Gräme dich
Deswegen nicht. Ich habe sie Begitt
Die Trösterinn genannt. Still, sagt' ich,
Und lenkte nach der Trösterinn mein Ohr,
Und hörte leise murmeln: Gräme dich
Deswegen nicht; und meinem Ebarit
Abuladott (die gleiche Lust, bey dem,
Was schön und gut ist, immerhin zu seyn,
Vereinigt uns) und meinem Ebarit
Berührt' ich seine Wangen, sagend: Oh!
Welch' eine süsse Schwärmerey! Begitt,
Die Trösterinn! die Trösterinn! Sie spricht
Auch mir mit ihrem leisen: Gräme dich
Deswegen nicht, ins Herz; allein, allein
Was für ein guter Geist die Trösterinn
Das sprechen lehrt, ob Arat Aradat

Der Treugebliebne, der in seinem Kampf
Mit einem allzubösen Tochtermann
Sein Leben ließ, ob Ephar Bulamat
Ebilazut, der jüngre, der es sah,
Wie Musa Millis, seine Tochter, sich
Von Bannadar, dem Felsen, stürzte, nein,
Darüber wollen wir nicht streiten, denn
Uns ist genug, es ist ein guter Geist,
Ein guter Geist, und besser, besser nicht,
Als wie mein Ebarit Abyladott.

VI.

Die Beerdigung.

Am Bach Aranda wandelte mein Fuß
Und offen war mein aufmerksames Ohr,
Zu horchen meinen treuen Ebarit
Abuladott, mein Auge hell, zu sehn
Den Vater, und die Mutter, und den Sohn,
Die zärtlichsten der Wüste Billanis,
Die sich mit dieser Liebe liebten, die
Der allgemeine Vater allen uns
In unsre Menschenbrust gegeben hat,
Und da hört' ich sie singen, trat
Dem Liede näher! — Menschen, welch ein Lied!
Aus einem Munde thönte lautes Lob
Des Ewigen, der diese Zärtlichkeit
In ihre Herzen legte; Welch ein Lied!
Könnt' ich es singen! — — „O du grosser Gott,
„Du gnädiger! du Guter! stelltest uns,
„Den Vater, und die Mutter, und den Sohn,
„Auf einen Punkt der Erde, Guter, du!
„Du gabst uns Seelen, fähig, deine Welt
„In ihrer Schöne zu betrachten, und

„In

„In ihrer Ordnung und Vollkommenheit
„Dich zu erkennen; Lobgesang wird dir
„Dafür gesungen, gabst uns Zärtlichkeit
„In unsre Seelen, daß wir väterlich
„Und mütterlich und kindlich immer uns
„Einander liebten. Lobgesang wird dir
„Dafür gesungen, Guter!" Dieses war
Der rohe Theil des Liedes; der Gesang,
Die Herzlichkeit, die Seelen = Einigung,
Das gleiche Gott gelaßne, dieses war
Der feinere. Der ganze Himmel still
Und lauschend hörte das vereinte Lied!
Und ich, erschüttert in dem Innersten,
Sank auf die Erde, seufzte, betete
Zu meinem Gott, und Gott erhörte mich,
Und Vater, Sohn und Mutter lebten noch
Ihr Freudenleben fünf und zwanzig Jahr,
Und Geister Gottes schwebten überall
Wo sie beysammen waren; endlich starb
Der Vater, dann die Mutter, dann der Sohn
In dreyen Augenblicken, und die Schaar
Der Geister Gottes überschattete
Die drey verwandten Seelen, bis ein Strahl

Des

Des Alles-Mächtigen hernieder fuhr,
Der sie mit Licht begnadigte, daß sie
Mir leuchteten in meiner dunklen Nacht,
Als wie das Licht der Sonne! — Plözlicher,
Als wie der Strahl des Alles-Mächtigen
Hernieder fuhr, flog die gesammte Schaar
Der Geister Gottes himmelan, und trug
Die drey verwandten Seelen sichtbarlich
In das Gestirn, das Eba-Zilima
Den Weisen heißt, und ich bestattete
Die mir gebliebenen Gebeine hin
An einen Ort, der mir, und mir allein,
In diesem Erdenleben heilig ist!
Ein weiser König aber, der sein Volk,
Wie dieser Vater seine Kinder, liebt,
Kommt einst, von einem guten Genius
Geleitet her, an den verschwiegnen Ort,
Und bauet ihnen einen Tempel dann,
Wenn ihm, wo dürres, todtes Oedes izt
Den Frommen Gottes eine Zuflucht giebt,
Ein Leben trächtiges Gefilde lacht.

VII.
Die Schnur.

Wenn du mit deinem Nebenmenschen dich
Vergleichen willst, wie sollst du's machen? wie?
Du sollst mit langer angestrengter Schnur
In deiner Hand, du sollst in deinem Augenpaar
Mit angestrengtem starren Forsche=Blick
Nicht stehen, seinen gutgenährten Bauch
Noch seinen Umfang auszumessen, sollst
In seinem schönen langen Titul nicht
Die klingenden Vocalen zählen, nicht
Die Consonanten, sollst auf seinen Gang
Ein Auge werfen, ob er munterer
Als deiner ist, auf seinen Geist, ob er
Geschwinder, als der deine, Wahres sieht,
Auf seine Thaten, ob sie nützlicher
Den Menschen sind! Und wenn dein Auge dir
Bericht vielleicht erstattet, daß bey der
Vergleichung du verlohren habest, dann
So rath' ich, schweig' es, aber dinge die
Den allerbesten Läufer, der auf Sand,
Auf Felsensteinen, Kiesel oder Mooß

Dich

Dich gehen lehre, nimm den Weisesten
Von allen Weisen deines Landes, der
Zugleich der beste Mann der Männer ist,
Und laß von diesem Weisen deinen Geist
Erheitern, bis er Weiß für Weisses, Schwarz
Für Schwarzes schneller siehet, gehe hin,
Und lerne besser pflügen, besser auch
In den gepflügten Boden Saamen streun,
Und besser erndten!

     Wenn du meinem Rath
Gefolget bist, dann Lieber, sage mir,
Ob du mit deinem Nebenmenschen dich
Noch gern vergleichest? oder, ob du wohl
In schweigender Betrachtung deiner selbst
Dein kleines Etwas sahst? entschlossen einst,
In unsichtbaren Augen um dich her,
Ein Besseres zu werden, und zu seyn.

VIII. Die

VIII.

Die Landschaft.

Ich steh' auf dem Gebirge Nidalis
Und seh' in lachende Gefilde; Gott!
Wie schön ist deine Welt! Hier aber ist
Ein Theil von ihr durch Menschenhände schön!
Hier hat der Pflug geschnitten, hier der Sech
Gegraben, dort das Rebenmesser viel
Der wilden Ranken weggenommen, hier
Sind Wiesen, dort sind Gärten! Wie so schön
Ist diese Landschaft! Ueber einem Wald
Auf Heerden Hügel, Bäche, weiter hin
Ein unabsehlich Waizenfeld, und dann
Ein Kranz von bläulichem Gebüsch, in dem
Das Auge willig sich verliert. Der Mensch,
Hat diesen Theil verschönert; hat gepflügt,
Gegraben, hat die Bäche künstlich so
Geleitet, daß sie Wiesen wässern, und
Dem Auge wohlgefallen! O, ihr thut,
Ihr Menschen, thut den Willen Gottes, wenn
Mit eures Geist's, und eurer Hände Kraft
Aus unfruchtbaren Gegenden durch euch

Gefilde werden; Geister Gottes sehn
Auf eure That, und freuen sich. Da Gott
Die Erde schuf, zum Herrn der Erde dich,
Du Mensch! da ließ er vieles Oedes, ließ
Viel rohen Stoff an seiner Erde, dich
Daran zu prüfen. Deines Geistes Kraft
Soll thätig seyn, soll wirken, deinen Leib
Sollst du dem Geist dir unterwürfig, dir
Gehorsam machen; Hat dein Geist erdacht,
Mit welchem Nutzen jene Felsenwand
Hinweggebrochen und ein leichtrer Weg
Zu guten Menschen, deinen Brüdern, dir
Eröffnet werde, dann so soll dein Leib
Mit seiner Kraft die Felsen spalten, soll
Den leichtern Weg erschaffen; soll den Weg,
Der nun mit leichterm Tritt von deinem Roß
Zu wandeln ist, mit Bäumen zieren, die
Dem Wege Schönheit und dem Wanderer
Den Schatten geben, den er sucht, er soll
Sich seiner Stärke freuen! Schöpfer seyn
Des Guten oder auch des Schönen, das,
O Mensch, ist: Gott gefallen; ist: Verdienst
Um seine Welt, und deine Brüder! Du,

Der

Der du mit deines Geistes, und vielleicht
Mit deines Leibes Kräften nichts gethan
In deinem Prüfungsleben hast, o du!
Tritt her zu mir auf diese Höh' und sieh'
In lachende Gefilde, sieh
Was deine Väter thaten! Diese Flur,
Die du so schön vor deinen Augen siehst,
War eine Gegend ohne Leben, war
Den Menschen todt. Von deinen Vätern ward
Sie aufgeweckt in dieses Leben! Geh,
Und brauche deine Seele, deinen Leib,
Wie deine Väter sie gebrauchten, und
Wozu sie dein und deiner Väter Gott,
Der erste Schöpfer sie geschaffen hat!

IX.

Der Freund.

Wenn unter deinen Brüdern einer ist,
  Der mit der Glute seines Herzens dir
Ins Auge leuchtet, und mit seinem Geist
Den deinigen befriedigt, und erquikt,
Wohl dir, o Mensch! dann hast du einen Mann,
Dem du dein Leben anvertrauen kannst!
Er stimmt zu deinem Zwek! Er geht die Bahn
Ha! deines Erdenlebens ah! so gern
An deiner Hand, und wäre, wäre sie
Voll Kieselspitzen oder Dornen, bis,
Wo sie mit schmalem Ende sich verliert!
Dann steht er einsam traurig, steht und fragt,
Wo du geblieben bist, und sieht sich um
Und findet keinen Mann, wie dich, und schleppt
In seine Hütte langsam seinen Leib,
Wirft ihn auf sein gewohntes Lager, wacht
Und betet, betet, daß sein Gott doch bald
Auch ihn, der nun allein im Trüben geht,
Ans Ende seiner Bahn geleite, schläft
Und sieht in einem herrlichen Gesicht,

Auf einem seligen Gestirn, den Mann,
Der seinem Leben alles, alles war,
Nur nicht sein Gott! Weil du so leicht mit ihm
Zu allem, allem Guten feuerroth
Geworden bist, weil du so gern mit ihm
In allen Tugenden wetteifertest
Und alles, alles Schöne gern zugleich
Mit deinem Mann beschautest, ha! so wirst
Auch du des hohen seligen Gestirns
Bewohner seyn, es heißt Abatania,
Das Vaterland der Männer, und auf ihm
Wirst du mit deinem Freunde tausend Jahr
Den Gott begreifen lernen, welcher dich
Zum Freund' erschuf, und dann, o dann (du bist
Getreu geblieben) dann wird dich dein Gott
Verherrlichen! Hinauf ins Vaterland
Der treugebliebnen guten Seelen, das
Von tausend unsrer Sonnen Tag für Tag
Erleuchtet wird, und Ebazilima
Den Weisen heißt, in dieses wird er dich
Mit einem Fittig seiner Winde wehn,
Und dein und deines Freundes Vater dort,
In seinem zehnten Himmel ewig seyn.

X. Die

X.
Die Flucht.

Was für Gedanken wälzest, Böser, du
   In deinem Herzen? finstrer Böser, du,
Dem diese deines Gottes Sonne nicht
Die Stirn erheitert? dieses Blumenbeet
Mit allen seinen Blumen dir nicht lacht?
Du bist von Gott gesegnet, hast genug
Des Irdischen, des Glüks der Erde, hast
Der Kinder und der Wollenheerden viel,
Hast keinen Kummer, keinen Gram, und stehst
Mit diesem weg von uns gekehrtem Blik,
Mit diesem finstern, welcher uns verräth,
Du habest unsre Frühlingsfreude nicht
In deinem Herzen, hier vor deinem Gott?
Vor deinem Gott mit diesem Blik? Er ist
Als wie der Blik des Gottverlaßnen, der
Auf Menschenhülfe lange sich verließ,
Und Menschenhülfe suchend lange gieng,
Und keine fand; er ist als wie der Blik
Des armen Ungetrösteten, der sich
Das Ende seiner Tage wünscht; er sieht

Ein offnes Grab, betrachtet es und seufzt:
Wär' es für mich! O Böser, solch ein Blik,
Vor deinem Gott, ist dieser, welcher uns
In Schrekken setzt. Er drohet Feindliches
Den Frölichen, die einen guten Gott
In diesen deinen Blumen sehn; er macht,
Daß alle deine Frölichen entfliehn,
Und ehe wollen sie zu dir, zu dir
Nicht wieder kommen, Böser, bis auch du
Den guten Gott, der dich gesegnet hat,
In diesen deinen schönen Blumen siehst.

XI.
Der Abgesandte.

Du stehst mit starkem Arm und starkem Bein
Und frecher Stirn so müßig hier im Thal,
Wo deine Brüder alle fleißig sind?
Von wannen bist du? Wenn dein Vaterland
Dies ist, auf welchem du mit starkem Bein
Da stehst, so schäme dich! Der Fleißige
Muß seinen Schweiß für dich vergiessen, muß
Für einen schönen und gesunden Mann,
Der Mark in Knochen hat, die Erde baun?
Muß deinen leeren Magen füllen; ha!
Welch' eine Schande! Schande dulden wir
Auf unserm väterlichem Boden nicht!
Deswegen hier ist eine Spate, komm
Und grabe! Weigerst du, so bitten wir,
Du wollest uns nicht stören, wollest nur
Vor unsern Augen hier in unserm Thal
Nicht gehen, und nicht stehen, und auch dort
Auf unserm Graßbewachsnen Sillamis (*)
Nicht etwa liegen! Schande dulden wir
Auf unserm väterlichen Boden nicht!

(*) Ein Hügel dieses Nahmens.

XII.
An Amalt.

Ach! welche Klagen, welche Seufzer läßt
  Amalt, der Unzufriedene, der sich
In dieser dunklen Felsenhöle hier
Vor meinem Bruderblik verborgen hält,
Dem Lauscher hören! — — Ach Amalt, Amalt!
Heraus aus diesem Kerker an das Licht,
Das Gott, der Weltbeherrscher, der Monarch,
Durch seine grosse Sonne, Tag für Tag,
Auf Menschen, Felder und Gefilde schön,
Dir scheinen läßt. Und du? du murrest ihm?
Du, mein Amalt, in seiner Monarchie
Rebelle? bester, liebster, murr' ihm nicht!
Du hast des Guten einen grossen Theil,
Und willst des Guten mehr von deinem Gott?
Verstand hast du, Zimaliput hat Gold!
Bist du versäumt? verlassen? Hat denn wohl
Der Geber alles Guten etwa nicht
Das Beßre dir gegeben? Murr' ihm nicht!
Sieh' seine Sonne scheinen! Glüklicher
Bist du! Wohl nimmer hört Zimaliput;

Sieh seine Sonne scheinen! Denn er sieht
Mit Augen des Verstandes nichts! er sieht
Die grosse Sonne, wie die Scheibe, die
Der grosse Zweck von seinem Bogen ist.
Wenn aber du sie siehst in Ost und West
Und über dir, dann, du Geliebter, macht
Dein grosser, alles forschender Verstand
Dein Glück! Die Sonne deines Gottes, die
Giebt dir zu denken, dem Zimaliput
Giebt sie nur Wärme! Murr' ihm nicht, Amalt!
Dem Geber alles Guten! Denn er hat
Das Bessre dir gegeben, dir, Amalt!
Und darum, unser Bruder, bitten wir,
Wir alle, Geister Gottes, bitten dich,
Dich, unsern Bruder, murr' ihm, murr' ihm nicht!

XIII.
An Tabarit.

Hat deine Seel' in deines Gottes Welt
Sich rein erhalten, liebster Tabarit,
Dann wird in deinen Saal, auf deine Flur,
In deinen Garten, und in deinen Wald
Die Freude willig dich begleiten! wird
In deinem Herzen wohnen, und darinn
Kein Gast, sie wird als wie zu Hause seyn!

Wenn ihrer Mitgeschöpfe keines je
Mit einem Wink von ihr beleidigt ward,
Wenn die Natur für ihren bösen Feind
Sie anzusehn von ihrem Schöpfer nie
Befehl erhielt, dann, lieber Tabarit,
Ist deine Seele rein! O! möchtest du
In deines Gottes Augen immer doch
Sie rein behalten, denn ich liebe dich!
Und meine Lieben mag ich immer gern
Begleitet von der Freude sehn, und gern
Der Dritte seyn! Gott, unser Schöpfer, hat
Zur Freude dich, und mich, erschaffen. Ha!
Wir wollen diesen seinen grossen Zwek

Ihm nicht verderben, wollen immer gut
Und immer frölich unserm Schöpfer seyn!
Und immer besser, immer frölicher
Mit jedem Tage werden! Jeder Tag
Ist eine lange Periode; dir und mir
Sind unsre Tage zugezählt. Wohlan!
Wir waren gut und wollen frölich seyn!

XIV.
Die Tugend.

Die Ohren und Herzen willig her,
   Ihr Menschen! Euer Gott hat mich gelehrt,
Was Tugend ist. Ein Feuerfunke fiel
Von seinem Himmel, als mein Auge starr
Auffah, den Gott der Tugend auszuspähn!
Und nun, was Tugend ist, das lehr' ich euch,
Euch, meine lieben Menschen! Tugend ist:

   Dem Nackenden von zweien Linnen eins
Um seine Blösse selbst ihm schmiegen, und
Von zweien Brodten eins dem Hungrigen
Darreichen, und aus seinem Quell dem Mann,
Der frisches Wasser bittet, einen Trunk
Selbst schöpfen, flöß' er noch so tief im Thal.

   Ihr, meine lieben Menschen, Tugend ist:
Dem Hülfedürftigen zuvor mit Gold
Und Weißheit kommen, seine Seele sehn,
Und seinen Kummer messen, und sich freun,
Daß etwa Gold und etwa Weißheit ihn
Der Freude wiederbringen, und ihn nicht,

Wer seines Kummers Ueberwinder war,
Erfahren lassen; Menschen, Tugend ist:

Und wenn die Bösen alle gegen euch
In ihrer Bosheit wüteten, und sich
Verschworen hätten alle gegen euch,
Von Menschenliebe nicht zum Menschenhaß
Hinüber gehen, immer, immer gut
Den Bösen seyn, dem undankbaren Mann
Exempel werden edler Dankbarkeit,
Und seines Herzens Aenderung von Gott,
Von welchem er, der Arme! ach! so weit
Auf glattem Wege schon verirret war,
In einem brünstigen Gebet erflehn.

Ihr, meine lieben Menschen, Tugend ist:
Wenn ihr in eure Herzen seht und forscht:
Ist Gutes wenig oder viel darin?
Und, wenn nur wenig, wenn ihr euren Geist
Zu Gott erhebt, so lange bis er euch
In eure Herzen lauter Gutes schenkt.

Ihr, meine lieben Menschen, Tugend ist:
Wenn ihr die Herzen eurer Brüder gern,
Von allem Bösen ab zu Gutem lenkt,

Und, wenn sie noch bey vielem Bösen sind,
Sie doch nicht haßt, und unermüdet sie
Von allem Bösen ab zu Gutem lenkt.

Ihr, meine lieben Menschen, Tugend ist:
Dem Gotterschaffenen Erhalter seyn,
Lebendigen das Leben fristen, rohen Stoff
Umwenden, so daß er durch euren Fleiß
Einst Leben zu dem Leben bringen muß.

Ihr, meine lieben Menschen, Tugend ist:
Die Summe dieses Guten, welches Gott
In seine Welt gelegt, an seinem Theil
Vermehren, wenn, und wo und wie sie nur
Vermehret werden kann! Vermehrest du
Die Summe dieses Guten, dann, o dann
Sey König oder Bettler, du gefällst
Den Geistern deines Gottes, die um dich
Und deinem Thun, wenn einsam du dich dünkst,
Unsichtbar schweben, du gefällst, gefällst
Dem Schöpfer alles Guten, deinem Gott!

Ha! dem gefallen willst du nicht? du willst
Des Guten Summe nicht vermehren? willst

Des Bösen, welches Gott in seiner Welt
Zum Guten lenkt, Vermehrer seyn? Sey es!
Die Geister Gottes wenden ihren Blik
Hinweg von dir, Gott nicht! Allein, o Weh!
Du wagst es künftig nicht, zu deinem Gott
Die Augen aufzuschlagen, denn du wirst
Des Bösen, welches Gott in seiner Welt
Zum Guten lenkt, dich schämen, wirst bereuen,
Daß du dem Schöpfer alles Guten nicht
Gefallen wolltest! nicht mit diesem Geist
Und diesem Witz in deiner Seele, nicht
Mit diesen Kräften deines Leibes, die
Zur Thätigkeit und nicht zur Ruhe dir
Dein Schöpfer gab! Erwache, Schläfriger!
Aus deinem Schlaf, und spare diese Schaam
Und diese Reue deinem Wesen dort,
Wo alle Himmel deine Zeugen sind!
Und da dein Weg zu Ende geht, und ach!
Nun leider deines Geistes Federkraft
Für uns verdorben ist, so heilige
Mit guten Werken lieber, als mit Witz
Noch diesen Augenblik der Ewigkeit!

XV. Die

XV.
Die Todtenköpfe.

Da siz' ich, und betrachte, Kopfgestüzt,
  Hier diese beiden Todtenköpfe, den
Des weisen Beriboldes, dessen Lob
Mit Dillats (*) oder Adlers-Fittigen,
Weil seine Weißheit Lebens-Weißheit war,
Von Mann zu Mann die ganze Menschenwelt
Durchflogen ist, und den Abariputs,
Des kleinen dummen Meliposters
Aus Zippali, der einen kleinen Geist
In einem grossen Kopf herbergte, Lärm
Von seiner Tugend machte, geizig sich
In seine gute Mast verschloß, und nicht
Die kleinste Weißheit eines andern Kopfs
Ertragen konnte!— — Todtenköpfe, ha!
Was ist, was ist der Mensch, wenn er nichts ist
Als Fleisch und Knoche?— Dulabat, der Held,
Der immer mehr durch seines Kopfs Gewalt
Als durch die Macht der Waffen seines Heers
Die Feinde seines Vaterlandes schlug;

He=

(*) Ein kleiner Vogel, der unter allen Vögeln am schnelsten fliegt.

Hefutabal, der Sänger; der den Held
In tödliche Gefahr begleitete,
Selbst das Verdienst des ewigen Gesangs,
Den er in seinem Kopfe trug, zu sehn;
Und Hibarot, der Goldarbeiter, der
Die Thaten Dulabats des Helden und
Des Weisen, allen Enkelaugen schön,
Mit seiner starken Hand, geleitet nur
Durch seinen Kopf, zu Hita-Barabell
In Marmor grub — o diese, dächt' ich, sind
Ein etwas mehr als Fleisch und Knoche! sind
Bestätiger der Offenbahrungen
Des weisen Beriboldes, dem ein Geist,
Aus einem zehnten Himmel Bidaphulls,
Des obersten Gebieters alles Stoffs,
Aus welchem Leben quillen, einst erschien,
Und ihn die Lehre lehrte: „daß der Mensch
„Ein etwas mehr als Fleisch und Knoche sey;
„Daß Bidaphull in jeden Menschenkopf
„Aus göttlichem Vermögen einen Keim
„Zu Wachsthum in die Himmel-Wissenschaft
„Geleget habe, daß des Menschen Leib
„Vom zehnten Stoff, des Menschen Seele von

„Dem

„Dem zweiten im geheimen Magazin
„Des hohen Bidaphulls gefertiget
„Und aller Himmel Unvergänglichkeit
„Darüber gnädig ausgesprochen sey.
„Daß aber ungeholfen jeder Keim
„Zu allen Himmels-Wissenschaften sich
„Erheben müsse, der, durch seine Kunst,
„Der Menschen Herzen zu gewinnen, der
„Durch sein Geschick, bescheidenes Verdienst
„Ins Licht zu stellen, dieser durch Verstand,
„Durch ungemeine Weisheit jener, und
„Durch Tugend alle.„ Denn, ist Dulabat
Nicht ungeholfen Held geworden? Ist
Hesutabal in seiner hohen Kunst
Von einem Meister unterwiesen? Hat
Von einem Marmorgräber Hibarot
Die Schönheit seiner Schöpfungen gelernt?
Ihr Todtenköpfe, wenn an euch nicht wohl
Zu sehen ist, und wahrzunehmen, ob
In diesem oder jenem thätiger
Einmal ein Keim des grossen Bidaphulls
Zu hoher Himmel-Wissenschaft empor
Arbeitete, so siehet doch an euch

Der

Der Weise das Behältniß seines Keims
Und dankt in Demuth seines Herzens still
Dem hocherhabnen Bidaphull, daß er
Ein kleiner dummer Meliposier
Aus Zippoli nicht auch geworden ist,
Und strebt, in seinem zehnten Himmel einst
Ein Dulabat, ein Hibarot, vielleicht
In seinem kleinsten untersten auch nur
Ein singender Hesutabal zu seyn.

XVI.

Das Kind.

O! welche Freude, welche Freude kann
  Des Menschen Herz empfinden, wenn es noch
Unschuldig ist! Ein Kind, das, hingesetzt
An einem schönen Frühlingsmorgen ist,
Vor einem schönen Blumenkorb, und das
Zum erstenmale da sich sieht, und nun
Mit seiner zarten kleinen Kindeshand
In Blumen wühlt, wie lächelt's! Wie so froh
Nimmts eine Blume nach der andern, wie
So höchst vergnügt betrachtet's die und die!
Und wenn es dann die Rose nimmt, wie stutzt's!
Und wenn die schöne Blume süssen Duft
In seine kleine Nase duftet, und
Das Kindchen niest, und seine Mutter dann
Ihr: Gotthelf, Gotthelf, ruft, o! welche Lust
Empfindet dann das Kind, empfindet dann
Die zärtlichste der Mütter, die das Kind
Auf ihren sanften Mutterschooß sich holt
Und herzt und küßt! Von solcher Unschuld sey
Des Jünglings, und des Greisen Herz, das hier

Am hellen Bach, am blauen Hügel dort
Im Meer der Freuden, das der Vater Gott
Für seine Menschen ausgegossen hat,
Schon schöpfen will! O! welche Wonne dann,
In seinem hohen Sterngewölbe, Nachts,
Wenn alles still ist, diesen Vater sehn,
Der unser aller Vater ist! — — Gestärkt
Von solcher Wonne fühl' ich meinen Geist
Um eine Spanne grösser, dünke mich
Ein hohes Wesen, das gewürdigt ward,
In seiner Freuden höchstem Taumel, itzt
Mit einem Blick voll Seele hinzusehn
In diesen Abgrund seiner Herrlichkeit.

Druckfehler.

S. 7. Zeile 9. Hin, statt: hin
— 19. — 5. Grossen, Guten, statt: grossen, guten
— 19. — 11. Grossen, Guten, statt: grossen, guten
— 20. — 14. Zulip, statt: Zulig
— 20. — 17. Zulip, statt: Zulig
— 20. In der Note: Zulip, statt: Zulig,
— 21. Zeile 8. Grossen, Guten, statt: grossen, gutes
— 25. — 6. Größten, statt: größten,
daselbst: Kleinsten, statt: kleinsten,
— 26. — 18. bereun, statt: bereuen,
daselbst: Du, ein Wurm statt: daß du Wurm
— 33. — 19. herrscht statt: hersch
— 37. — 5. lenkst statt: lenkest,
— 42. — 5. Den statt: Dem
— 44. — 1. Belladilla statt: Beladilla
— 45. — 1. Denkendem, statt: denkenden
——— — 4. Belladilla, statt: Beladilla
——— — 17. Belladilla, statt: Beladilla
— 56. — 14. hast? statt: hast!
— 59. — 8. Arakda, statt: Aranda,
— 66. — 3. Bedulamot, statt: Bulamat
— 67. — 1. Arakda statt: Aranda
— 74. — 5. In diese statt: In
— 87. — 8. bereun, statt: bereuen,